Dieter und Vreni Theobald

Der herunter-gekommene Gott

Dieter und Vreni Theobald

Der heruntergekommene Gott

Weihnachtliche Betroffenheiten

Edition Anker

Edition Anker – Lyrik

Die Deutsche Bibliothek – CIP-Einheitsaufnahme

Theobald, Dieter:
Der herunter-gekommene Gott : Weihnachtliche Betroffenheiten / Dieter und Vreni Theobald. – Stuttgart : Ed. Anker im Christlichen Verl.-Haus, 1994
(Edition Anker : Lyrik)
ISBN 3-7675-7955-3

Umschlaggestaltung: Buttgereit & Heidenreich, Büro für Kommunikationsdesign, Haltern
Gesamtherstellung: Druckhaus West GmbH, Stuttgart
ISBN 3-7675-7955-3

5 4 3 2 1

Vorwort

Das Weihnachtsbild ist für viele Zeitgenossen verblaßt oder nur noch in weichen Pastellfarben beliebt. Es hat sich reduziert auf „das süße Kindelein" und den „holden Knaben im lockigen Haar".
Die deftig-kräftigen Originalfarben empfinden viele als aufdringlich.
Verständlich!
Ein Gott als Kind in der Krippe, ein Erlöser als Säugling im Stroh?
Unverständlich! –
Das Elend der sozialen Unterschicht, Flüchtlingsnot und das Morden unschuldiger Kinder – das haben wir doch heute selbst. Dazu brauchen wir keine Weihnachtsgeschichte!
Wir persönlich hatten zwar ein differenziertes Bild von Weihnachten. Aber daß manche Farben auch bei uns etwas verblaßt waren, läßt sich nicht leugnen.
Persönliche Umstände unserer Lebensgeschichte haben uns in der vergangenen Weihnachtszeit die biblische Botschaft wieder in den kräftigen Originalfarben aufleuchten lassen.

Wir sind über sie erschrocken und schockiert – aber sie hat uns auch zutiefst betroffen gemacht. Die folgenden Texte möchten etwas von dieser Betroffenheit weitergeben in der Hoffnung, daß es auch andere trifft!

Juli 1994 Dieter und Vreni Theobald

Einbruch Gottes

Besitz
wird
gesichert,
versichert
gegen Einbruchsgefahr.
Einbrecher
gibt es genug.

Gott
gesellt sich
zu ihnen.
Er bricht
ein.

Durchbricht
die gesicherten
Tore der Welt.
Er nimmt
nicht.
Er bringt.
Sich selbst!
Uns zum Gewinn!

Weihnachten

Größter Kassenschlager
aller Zeiten.
Dauerbrenner über
Jahrhunderte.
Vermarktete Liebe.

Profit durch Geschenke:
beliebt
in Gunst
abhängig
bestochen
befreundet
angesehen
durch Geschenke.
Absolut lohnend:
Wer mir gibt,
dem gebe ich auch.

Gott schenkt
sich selbst
mit Herz und Leben.
Sein Profit?
Mich.

Menschwerdung Gottes

Ein Gott zum Anfassen,
einer mit
Haut
und mit
Haaren.

Einer, der
Bruder und
Nachbar wird,
den man kennt.

Der soll
von Gott stammen,
Sohn Gottes sein?

Wir bevorzugen Götter,
die weiter weg sind,
die man anhimmeln kann.

Nicht einer, der so ist wie wir.

Rechthaberei

Alles,
was recht ist,
sagen wir,
und pochen
auf unsere Rechte.

Man muß mal
nach dem Rechten sehen,
sagen wir,
und machen unseren
Einfluß geltend.

Alles,
was recht ist,
sagt Gott,
ohne Gnade
geht nichts!

Ich muß mal
nach dem Rechten sehen,
sagt Gott,
und kommt
als Kind
nach Bethlehem.

Erfüllte Zeit

»Als die Zeit erfüllet ward,
sandte Gott seinen Sohn…«

Stunden, Tage, Jahre
sind für dich nicht relevant.
Du hast ein anderes Maß.

Wann ist die Zeit erfüllt,
die du uns gibst
zum Wirken und Sein?

Wann erfüllst du
mit uns deine Pläne
und sendest uns?

Wir sagen mit Maria:
»Siehe, ich bin des Herrn Magd…«
Erfülle uns mit dir!

Selbstlose Liebe

verdächtigt
als Helfersyndrom
neurotischen Ursprungs.

Krankhafte
Versuche
zur Selbstaufopferung.
Defizitärer
Lebensstil.

Reduzierte
Liebe
auf Geben und Nehmen
zu gleichen Teilen
ist gesünder,
verstehbarer.
Man kann
damit umgehen,
man bleibt dann
nichts schuldig.

Weihnachten:
Gottes Darstellung
selbstloser Liebe.
Er läßt sich selbst los
aus Liebe.

Er
opfert sich selbst,
übernimmt Defizite,
tilgt alle Schuld.

Maßlose Liebe
ohne Berechnung.

Bist du
das
gültige Maß
im neuen Reich?

»Es begab sich aber …«

Zufälle
sind Bälle,
die unverhofft geworfen werden.
Die Zufälle
und das Unverhoffte
gehören bei Gott zur Planung.
Zufällig eine Volkszählung,
eine überfüllte Herberge,
ein Stern am Himmel?
Zufällig eine verlorene Menschheit,
ein rettungsbedürftiges Volk,
ein paar armselige Hirten?
Nein,
Zufall war das nicht.
Auch nicht geplant.
Dem Zerstörungsplan antigöttlicher Mächte
setzt Gott sein »Es begab sich aber …«
entgegen.
Nicht zufällig,
aber für uns wohlgefällig!

Schmerz Gottes

Bethlehem	– und keine Herberge
Nazareth	– und kein Verständnis
Kapernaum	– und keine Buße
Jerusalem	– und kein Erbarmen
Ephesus	– und keine Liebe

Hamburg,
Berlin,
London,
München,
Bern,
Paris – und kein Gehör für Gott.

Dein Herz – und kein(e) ……

Schmerz Gottes!

»Sonst keinen Raum«

Schließlich muß alles
seine Ordnung haben.
Wenn das Haus voll ist,
ist es voll.
Das Boot ist voll!
Die Kontingente sind ausgeschöpft.
Internierungslager laufen über.
Wenn nur alle so viel täten wie wir!
Und irgendwo hat die
Überfremdung auch ihre Grenzen.
»Soll ich meines Bruders Hüter sein?«
»Was geht das uns an – da siehe du zu!«

Die sich immer wiederholende
Tragödie von Bethlehem:
in unserer Welt,
    unserem Land,
    unserer Zeit,
    unseren Herzen.

Nur Büro- und Verwaltungsräume
stehen leer.

Betroffenheit

Mitten
in Dunkelheit
das Herz
getroffen!

Das Herz der Betroffenen:
»Euch ist heute
der Heiland geboren!«

Betroffene Hirten,
betroffene Väter und Mütter,
betroffene Söhne und Töchter,
betroffene Menschheit.

Es hat auch mich
zutiefst getroffen!

Heilsame Betroffenheit!

Die Suche nach dem Zeichen

»Ihr werdet finden das Kind,
in Windeln gewickelt.« –
Das ist das Zeichen,
das der Engel den Hirten
mit auf den Weg gab.
Ein alltägliches Zeichen,
überhaupt nichts Besonderes.

Aber sie fanden das Kind!

Ich wünschte mir, ›mein Zeichen‹ würde
nicht mehr in die Windeln machen.
Es sollte erwachsener,
gepflegter,
vorweisbarer sein
als ein Kind in Windeln.
Windeln sind das Zeichen,
daß ein Kind
noch keine Kontrolle über seine Verdauung
und Schließmuskeln hat.
Es läßt einfach ›fahren‹.
Wie peinlich!

Angst vor dem Kind

Warum in aller Welt fürchtet sich
ein mächtiger Herrscher vor einem Säugling?

Immer neu der Versuch des herrschenden Systems,
das die Macht und Kontrolle hat,
neues Leben umzubringen.

Das Kind läßt sich nicht einordnen,
man kriegt es ›nicht in den Griff‹.
Aber man spürt das neue Leben,
die Herausforderung.

Wer dem Kind begegnet, läßt sich nicht
mehr in alte Systeme
und Rollenzuweisungen zwingen.
Er wird innerlich frei.
Die Hirten werden zu Freien,
innerlich,
zu Wissenden und Sehenden,
die sich nicht mehr
den Mund verschließen lassen.

Anbeter

Sage mir,
was du
anbetest,
und
ich sage dir,
wer du bist.

Was ich
anbete,
hat
Macht
über mich.
Dem liefere
ich mich aus.

Ihr Hirten
mit euren
einfältigen
Herzen
betet an,
gebt euch preis.

Erschreckt nicht,
morgen,
wenn
der Verstand sagt:
Es war nur
ein Kind.
Bleibt dabei.

Intimität

Gott
hat sich
eingelassen
mit uns Menschen.
Er ist intim geworden.
Ein Rückzug ist nicht mehr möglich.

Doch nicht
die Sensationspresse
enthüllt,
was alle Welt erfahren soll.

Gott geht in die Offensive!

Maria und Josef,
Elisabeth und Zacharias
sind die Ersten,
die es erfahren.
Nun läßt er es
hinausposaunen in alle Welt:
»Euch ist heute der Heiland geboren!«
Die Intimität ist durchbrochen.

Engel Gabriel

Engel Gabriel –
wie mag es dir zu Mute sein?

Du bringst die frohe Nachricht,
das Evangelium,
daß das Kind gekommen ist.
Das liebliche Kind.
Der Friedefürst.
Heiland.
Der Retter der Welt.

Doch im Hintergrund steht das Lamm.
Das erwürgte, zu Tode gemarterte Lamm,
das der Welt Sünde
hinwegträgt!

Es gibt Lukas 2 nicht losgelöst
von Jesaja 53 –
Weihnachten nicht ohne
Karfreitag und Ostern.

Himmlische Heerscharen

Unendlich viele
Engel
habe ich schon
auf Bildern gesehen
in der Weihnachtszeit.

Große und kleine,
weiße mit Flügeln,
bunte mit Trompeten,
mit lockigen Haaren und
pausbackigen Gesichtern.

Heerscharen
sind mächtige Scharen
aus einem Heer.
Begriffe von Krieg und Kampf.
Ist Gottes Einbruch in die Welt
eine Kriegserklärung?

Zeig mir den Weg

»Siehe, ich sende einen Engel vor dir her,
der dich behüte auf dem Wege und dich bringe
an den Ort, den ich bestimmt habe«
(2. Mose 23, 20).

Fast jeden Morgen bete ich diese Worte.
Und ich bin froh,
um den Engel zu wissen,
der vorangeht.
Warum ist das Wissen
um die Gegenwart der Engel
in Grenzsituationen
so besonders nah?

Ich lade euch ein, daß ihr –
Begleiter des Herrn –
im Bewußtsein meines Herzens bleibt.
Engel des Herrn,
unendlich zärtlich weckst du die Weisen
und schickst sie auf den Weg.
Den neuen Weg, der anders heimführt.
Wecke auch mich, wenn es Zeit ist.
Und zeig mir den Weg.

Ehre

wem Ehre
gebührt.

Ehre
bei Menschen
ist mehr
als begehrt.

Ehrsüchtige
Anwärter
finden sich
nicht nur
in Palästen
der Römer.
Das fromme
Pharisäergewand
trügt.

Wann
begreifen
wir Menschen
die Botschaft
der Engel:

»Ehre sei Gott
in der Höhe«?

Ehre,
wem Ehre
gebührt.

Josef

Pflegevater
der menschgewordenen
Liebe Gottes –
hineingenommen
in Gottes Plan,
hineinverwickelt in die
größte Liebesgeschichte
aller Zeiten.
Dafür:
durchkreuzte Wunschträume,
gestörter Alltag,
unsichere Zukunft,
offene Fragen.

Und ein offenes Ohr
zu dem hin,
der führt.
Er träumt Gottes Gedanken,
steht auf und handelt,
läßt Eigenes los.
Engel geleiten voran,
bewegen das Leben,
zeigen zum Licht,

schützen und bergen
auf Gottes Befehl.

Trotz Unruhe –
Frieden.

Im wirren Geschehen
geschieht Gottes Plan.

Gottes Geschichte geht so
weiter
mit dir und mit mir.

Träumer

Träum nicht zu lange, Josef.
Der Engel mahnt
zum Aufbruch.
Nimm Maria.
Stell dich zu ihr.
Du gewinnst mit ihr
das Kind!
Doch bleibe offen
für neue Träume!

Träumende Männer
werden
die Säulen im
Tempel Gottes
sein.

Wie konntest du nur?

Josef,
wie konntest du dich nur einlassen
in die Sache mit Maria?

Du ahntest doch,
daß das Ganze
irgendwie unbegreiflich war.

Nur Schwierigkeiten
bekommst du
mit dem Kind.
Dein Leben wird unstet,
bedroht.
Dabei bist du doch
ein Mann mit gutem Ruf,
mit ehrlichem Handwerk,
mit frommem Leben.

Das Kind schadet dir!

Wie konntest du nur?

Was soll nur daraus werden?

Was soll nur aus dieser Geschichte werden?
So fragt sich Josef.
Er sorgt sich,
alles erscheint ihm so fremd
und so seltsam.

So gerne hätte er eine Familie
in geordneten Verhältnissen.
Mit Sicherheiten
und festem Lohn,
mit Wohnung und Arbeitsstelle.

Man weiß dann, wer man ist
und wie man sich bezeichnen soll
vor anderen.

Wie erklärt man – bitte – anderen Leuten
ein solches Leben?
Wer soll da noch – bitte –
richtig einordnen können,
zu wem man gehört?
Skandalös!

Abschied von heilen Bildern

So hätte ich es mir eigentlich
immer gewünscht:
Den Stürmen des Lebens entkommen,
in stiller, trauter Zweisamkeit
das Kind auf den Armen.
Die Welt weit weg!

So war es nicht,
so ist es nicht,
es wird nie so sein.
Vielleicht im Himmel?
Ich weiß es nicht.

Maria und Josef lebten in
unruhigen Zeiten.
Und das Kind kam ungelegen.
Es brachte neue Unruhe, Unfrieden,
Trennung, Entscheidung.
Warum – Friedefürst,
führst du durch's Schwert
zum Frieden?

Unverstanden leben

Wie habt ihr
das eigentlich geschafft,
Maria und Josef,
obwohl euch
kaum jemand verstand
mit dem geheimnisvollen Kind?

Wußtet ihr nicht,
daß Verstandensein
nur dort möglich ist,
wo im alten Trott alles gleich
und vorhersagbar ist?

Mit euch beginnt
eine neue Zeit,
die noch niemand kennt.
Begnügt euch mit Gottes Ja
über eurem Weg –
und vertraut!

Guter Hoffnung

Guter Hoffnung sein,
sagte man früher
von einer schwangeren Frau.

Hoffnung,
daß das Kind
gesund zur Welt kommt
und daß es
das Erbe der Väter weiterträgt
in die nächste
Generation.

In Maria
reift die Hoffnung der Welt
zur Geburt.

Seither ist Hoffnung
begründet in Bethlehem.

Das Mißverstehen–Können

Es ist alles so
mißverständlich,
Maria,
was da geschieht.

Im Grunde genommen
weiß man nicht sicher,
ob all das stimmt,
was du erzählst
von dem Engel,
dem Geist des Herrn,
der Verheißung.

Du läßt es stehen,
weil du weißt:
Beweisen kannst du es nicht.
Erweisen muß es Gott
am Ende der Geschichte.

Halte aus, Maria!

Machtlos

Das
Ja zur
Unterordnung,
die Karten offenlegen,
die Trümpfe aus der Hand geben.
Ein anderer ist am Zug!

Ich lasse los.
Ich lasse zu,
daß Gott handelt,
die Führung übernimmt,
eine Umkehrung der
Werte vollzieht:
»Die Gewaltigen stößt er vom Thron und
erhebt die Niedrigen« (Lukas 1, 52).

Ich bin machtlos.
Ich lasse die Macht los.
Er kann machen –
mit mir machen –,
was ihm gefällt.
»Siehe, ich bin des Herrn Magd.«
Magd sein – nicht Macht haben.

Umkehrung der Werte

Mächtige stürzt Gott
vom Thron,
und Niedrige werden erhoben.

Der Heilige Geist sagt
durch Maria
die Welt-Revolution
durch Jesus
voraus.

Warum suchen wir,
die Bürger des neuen Reiches,
wieder die Throne der Macht,
auch wenn
die Throne nur klein
und die Macht
sehr begrenzt ist?

Herzworte

sind Worte,
die das Herz bewegen
und ihre
Wurzeln ins Herz
hineinsenken.

Weißt du,
Maria,
daß du
die Worte,
die heute
dein Herz
bewegen,
bitter nötig hast
unter dem Kreuz?

Mütter

aller Zeiten
träumen
über ihren Kindern,
was sie wohl werden,
wenn sie groß sind.

Hoffnungen,
Wünsche
von Glück und Sinn.
Am Erfolg des Kindes
wächst man mit.

Wie schützt
du, Maria,
dein Herz
vor Simeons Wort,
daß mit diesem
besonderen Sohn
ein Schwert
durch deine Seele
dringen wird?

Maria,
dein Schmerz
wird
Mit-leiden
sein
mit
Gottes Schmerz.

Zusammenarbeit

mit Gott
ist mehr
als ein Arbeitsvertrag
mit geregelten
Pflichten und Rechten.

Dein Ja
zur Zusammenarbeit
mit Gott
kostet alles, Maria:
Deinen Ruf,
Deinen Leib,
Deine Zukunft,
Deine Heimat,
Dein Herz.
Überschlage die Kosten!

Du schlägst
trotzdem ein,
läßt dich los,
damit Größeres geschieht!

Hüpfen im Heiligen Geist

»Fröhliche Weihnachten!«
Dieser Gruß löst
Festtagsstimmung aus.
Er atmet Gemütlichkeit
und Familienatmosphäre.

Doch dein Gruß,
Maria,
bringt Bewegung
in den Bauch
deiner Freundin Elisabeth.
Charismatische Bewegung.
Nicht das Herz oder die Seele,
nicht der Kopf und der Verstand
sind zuerst erfaßt:
»Als ich die Stimme deines Grußes hörte,
hüpfte das Kind vor Freude in meinem
Leibe« (Lukas 1, 44).
Wenn das die Theologen erfahren!
Daß der Heilige Geist
sich auch nicht an die Regeln hält!
Nie
ist man sicher vor ihm.

Geringsein

Das Streben
nach Größe
liegt in uns.
Das Strecken
nach oben motiviert uns.

Du, Größter,
wirst klein,
wirst ein Kind.
Kommst von oben
nach unten.
Zieh mich dir nach!
Im Geringsein
und Bücken
bin ich
dir nah.

Vom Heiligen Geist gezeugt

Ammenmärchen
sind das,
wenn einer erzählt, er sei
vom Heiligen Geist gezeugt.

Hat einer
schon je so etwas erlebt?

Wir wissen doch,
was bei Gott möglich ist
und was nicht.
Es gibt ein Limit
des Möglichen!

Und was über unser Begreifen geht,
liegt nicht drin.
Wozu hat man sonst den Verstand?
He?

Furchtlos leben

»Erlöst aus der Hand unsrer Feinde«,
freigemacht aus dem
Starren auf das,
was die Menge der Menschen
über uns sagt.
Befreit von der Knechtschaft,
dem Dienen für Menschen.

»Zu dienen
ohne Furcht dem Herrn
unser Leben lang.«

Wenn Gott einen Weg weist,
wenn er beruft,
wenn er bewegt,
dann gibt er auch,
was auf diesem Wege nötig ist.

Furchtlos leben kann ich nur,
wenn mir bewußt ist, wem ich diene.

Provokation

Sie sind sich doch einig,
die Gelehrten
der Schrift,
wie
der Messias
sein Reich bringen wird.

Du gehst an all ihren
Grundsätzen
und Lehrmeinungen
vorbei
und erfüllst das geschriebene Wort
mit einem Kind,
einer Jungfrau,
einem Stall.

Du provozierst heute die Gelehrten,
daß der Heilige Geist
weht und wirkt,
wann und wo er will.

Eiszeit

durchbrochen
von der Freundlichkeit und
Leutseligkeit Gottes,
erschienen in Bethlehem
allen, die glauben.

Taue mein Herz auf,
du freundlicher Gott
in der Krippe,
daß es warm wird,
voller Liebe
für die Suchenden
hinter uns,
für die Fragenden
unter uns,
für die Hungernden,
die mit uns
unterwegs sind.

Sternbahnen

Milliarden
von Sternen
in ihren Bahnen.
Eingesetzt durch das Wort,
das am Anfang sprach:
»Es werde!«

Der Geist
brütet weiter
über dem Heer der Sterne
und lenkt ihre Bahn.

Wie sonst
wäre der Stern
über Bethlehems Stall
stillgestanden?

»Wir haben seinen Stern gesehen...«

Dem Stern über der armseligen Hütte
glauben
kann nur,
wer durch den äußeren Schein
durchblickt.
Gott pflegt in Bildern zu reden,
die das Geheimnis öffnen.

Dem Stern nachgehen,
bis man den König findet.
Es gibt keinen Rückzug,
nur einen Heimweg auf neuen Pfaden.

Wer aufbricht, muß sein Herz hüten.
Zu schnell ersinnt es eigene Bilder
und landet bei Herodes!

Die Anbetung der Könige

Daß es keine Könige waren,
die vor der Krippe knieten
und dem Kinde
ihre Huldigung brachten –
wissen wir.

Und doch:
Werden sie nicht zu ›Fürsten Gottes‹,
zu Königen und Priestern
im Lager des HERRN,
weil sie
erkannt haben,
gesehen haben,
gefolgt sind?

Eine neue Haltung gewinnt man im Knien
und Anbeten, durch ein einfältiges Herz,
das im Stall den König findet!

Nichts als Stroh

Was sahen sie denn,
die Weisen,
als sie den Stall betraten?

Nichts als Stroh!
Und sie rochen,
was einst Stroh war
und jetzt zu Mist geworden ist.

Vielleicht rümpften sie die Nase.
Aber ihre Augen
blickten durch das Stroh!

Wer am Stroh
hängenbleibt,
wird das Kind nicht finden,
nicht den Schatz,
nicht den Reichtum,
nicht das Gold.
Hier wird kein Stroh zu Gold gedroschen!
Doch wer am Stroh nicht Anstoß nimmt,
wird das Gold entdecken.

Heu und Stroh

»Da liegt es, das Kindlein, auf Heu und auf Stroh.«
So singen wir.
Für Tiere mag
Heu und Stroh gut sein.
Dich, zartes Kindlein,
sticht und kitzelt es. –
Was dir wirklich
Schmerzen bereiten wird,
sind nicht Heu und Stroh!
Es sind
unsere bissigen Bemerkungen,
unsere scharfen Reaktionen,
unsere stachelige Art.
Wir dreschen Phrasen wie Stroh.
Wir streiten uns über Dogmen,
weil wir »das Heu nicht auf der gleichen
Bühne haben«.
Wir »bauen Mist« durch unsere
Hartherzigkeit.
Das ist es,
was dir Schmerzen macht.
Das Heu und Stroh der Krippe dagegen
ist dir wie ein weiches Bett.

Intensives Leben

Im Stall zu Bethlehem
ist die Luft voller Himmel.
Das Leben ist dicht,
voller Farbe,
voller Geheimnisse,
voller Dinge, die man
niemandem sonst sagen kann.
Weil's keiner glaubt.

So erlebe ich es bei mir:
Das Lauschen und Tasten nach vorne,
das Bewegen des Wortes,
das Horchen auf den
Flügelschlag des Engels
ist wie Stehen an der Krippe
in Bethlehem.

Der herunter-gekommene Gott

Nicht nur niedergekommen
in die Niederungen
der Menschheit
durch die Niederkunft
der Maria.

Heruntergekommen
in die dunkelsten Örter
der Menschheit:
durchgeschritten durch den Tod
und das Reich des Todes.
Hinabgestiegen in die Hölle.
Um die Macht Gottes hineinzubringen
in die tiefste Tiefe.

Erniedrige dich auch
in meiner Schwachheit,
öffne eine Tür in mir
für deine Auferstehungskraft!

Rette das Leben deines Kindes!

Eile, Josef, rette das Leben deines Kindes.

So ähnlich sagte auch der Engel des Herrn
zu Lot.
Er drängte zum Aufbruch,
ergriff Lot und seine Familie
und führte sie hinaus mit den Worten:
Rette dein Leben und sieh nicht hinter dich.
Eile!

Flucht macht mir Angst.
Es klingt nach Verfolgung,
nach Zurücklassen von Hab und Gut.

Ich möchte mit allen, die ich liebe,
und mit allem, was ich habe,
nach Zoar kommen.

Ich gebe dir die Hand, Vater.
Reiß mich heraus, dort, wo ich heraus muß,
und gib mir das und jene mit auf den Weg,
die du mir erhalten willst,
weil du mich liebst.

Fliehen oder bleiben?

Verstecken
oder dazu stehen?
Im stillen
oder öffentlich?
Konfrontation
umgehen
oder Widerstand
aushalten?
Flucht nach vorne
oder Flucht nach hinten?

Herausfordern
oder sich im Glauben bücken?

Wo ist für uns Ägypten?

Christrosen

Blühende Rosen im Winter,
Christrosen!
Jedes Jahr steht ihr an meiner Krippe
und blüht!
Das Zeichen des Blühens
trotz Frost und Kälte.
Das Zeichen des Gegengiftes
gegen das Gift der Schlange.

Die Schlange schlägt zu.
Sie gebiert Dutzende von Jungen.
Ich halte das Zeichen des Gegengiftes,
das Kreuz Jesu Christi, empor.
Hier ist der Schlange der Kopf zertreten.
Sie ist besiegt.
Herr, schütze mich vor dem Biß der
Schlange in Zeiten der Verachtung,
des Angegriffenseins!

Freiheit

Ich hebe ab –
nicht wie ein schwerfälliger Jumbo –
eher wie eine Möwe im Wind.

Ich hebe ab –
nicht aus der Realität,
wohl aber aus Furcht
und Einengung
durch Menschen.

»Denn
wo der Geist
des Herrn ist,
ist keine Furcht,
und wo der Geist des Herrn ist,
da ist Freiheit!«

Gott gibt Licht für den Weg!

Licht ist das erste und letzte Werk Gottes
in der Bibel.
Er selbst ist Licht.
Wo er etwas schafft oder wirkt,
wird es immer zuerst licht.

Darum: »Mache dich auf, werde licht…
denn die Herrlichkeit des Herrn
geht auf über dir.«

Hebe deine Augen auf!

In das, was jetzt noch
finster und chaotisch ist,
auch in meinem Leben,
in meinem Tun
erbitte ich dein Licht,
Gott Vater.

Es soll Ordnung,
Klarheit werden,
damit ich den rechten Weg erkennen
und ihn gehen kann.
Führe mich!

Licht schafft Leben

Das Naturgesetz der Pflanzen
bewahrheitet sich durchgängig:
Ohne Licht kein Leben.

Nur der Mensch
›funktioniert‹ auch in der Finsternis,
er über-lebt
im Schatten des Todes.

Leben entsteht durch die
Berührung mit dem Licht.
Sich öffnen dem Licht!

Es ist die Preisgabe
der eigenen Verstecke,
der Motivationen und Gelüste
tief innen,
die den Menschen leben und knechten,
ihren Zoll fordern.

Nicht Friede – das Schwert!

»Ich bin nicht gekommen,
Frieden zu bringen,
sondern das Schwert.« –

Du hast sehr früh begonnen,
deinen Auftrag wahrzunehmen,
Kind im Stall.
Schon vor deiner Geburt
kam Unruhe ins Leben
von Josef und Maria, deinen Eltern.
Widerstand hast du
in der Herberge hervorgerufen.
Im Herodes-Palast hast du
Durcheinander bewirkt.

Und das hat nicht aufgehört!
Warum nur leben viele Fromme heute
so harmlos,
so angepaßt,
so friedlich,
so unanstößig?

Die dem Kinde nach dem Leben trachten...

Angst
hat man meist vor den Starken!
Die Hackordnung hat sich
institutionalisiert.
Den Letzten beißen die Hunde.
So ist das in dieser Welt.

Doch du,
Kind in der Krippe,
bist ja etwas vom Schwächsten.
Dich wird man in Ruhe lassen.
Unschuldig und friedlich
liegst du auf dem Stroh.
Doch die Unschuld
und der Friede
provozieren.
Schon jetzt wirst du unangenehm
für die Starken,
für die Mächtigen,
für die Gerechten,
für die Frommen.
Deine Schwachheit hat große Kraft.
Und: Angst hat man meistens vor den Starken!

Friede auf Erden

Von höchster Stelle befohlen,
angeordnet,
vorgeschrieben.

Oder nur
Empfehlung,
Wunschtraum?

Von friedliebenden Engeln verkündet,
von nicht immer friedlichen Hirten gehört.
Überhört?
Seither ungezählte Friedensschlüsse
unter Völkern,
Menschen,
mit sich selbst.
Alles nur fauler Friede?
Zu faul für echten Frieden?
Wirklicher Friede ist anstrengend,
kostspielig, riskant!
Er kostet dem Kind das Leben.

Ein Leben im Frieden ist risikoreich.

Herodes – der Bibelforscher

»Er erforschte von ihnen,
wo der Christus
geboren werden sollte« (Matthäus 2,4).

Wenn Mächtige
in der Bibel forschen,
suchen sie Argumente.

Bibelwissen als Faktor der Macht!
Wir beweisen,
belegen,
widerlegen
und argumentieren. –
Herodes lebt in uns!
Achtung! Er will uns ausforschen.
Wie stehen wir zum Neugeborenen?

Nicht die zarten Geheimnisse
der Liebe verraten!
Nicht die Spuren des Friedens
zertrampeln lassen!
Wenn Herodes nachforscht, schreitet er
forschen Schrittes zur Vernichtung!

Nur ein Schaf…

»Ich war nur ein Schaf«,
sagte das Kind traurig.
Ein blökendes Schaf
im Krippenspiel.
Es hätte so gerne
den Josef
gespielt.
Eine Hauptrolle.

Du Hauptdarsteller
der größten
Geschichte aller Zeiten
wirst ein Schaf,
ein Lamm,
das der Welt Sünde
hinwegträgt.

Viele einfältig blökende Schafe laufen durch die Jahrhunderte dem Lamme nach, bis die Weltgeschichte endet durch Gottes Wort.

Draußen

Denen,
die draußen sind,
erscheint
Gottes Botenschar
mit der Offenbarung
des Heils.

Draußen
im Sturm
bei mondheller Nacht
erscheint Gott
suchenden Menschen.

Manchmal
an denen vorbei
in der warmen
erleuchteten
Kirche.

Glanz und Reichtum

Herrlichkeit,
Heiligkeit,
Glanz und Reichtum
beschreiben
den Zustand
des Himmels.

Der Sohn
des Himmels
wählt das Gefäß
der Armut,
des Geringseins,
des Niedrigseins,
des Kleinseins,
um Eingang
zu finden
bei den Menschen.

Ob deine Boten
auch ihren Glanz loslassen müssen,
um dich bekannt zu machen
bei den Menschen?

Ohnmacht Gottes

Du Allgewaltiger,
Herr der Heerscharen,
König der Könige,
liegst da
in der Krippe
als hilfloser Säugling.

Du Allmächtiger,
Herr aller Herren,
ohne Anfang und Ende,
gibst dich
nackt und bloß
preis.

In der Ohnmacht Gottes
liegt
Gottes Macht
zur Rettung der Welt!

Darbringung

Dargebracht
auf dem Altar
einer Futterkrippe:
Gottes Lösung
für eine
verlorene Welt!

Zwei Turteltauben,
dargebracht
als Lösegeld
für den
Dargebrachten:
Gottes Erstgeborener
ausgelöst
mit dem
Armeleuteopfer!

Dargebracht
auf dem Opferaltar
eines Querbalkens:
Gottes Lösung
für unsere Erlösung!

»Herr, ich warte auf dein Heil!«

So sagte es Simeon.
Und er glaubte an Gottes neues Reich.

Auf Anregung des Geistes
wurde er in den
Tempel geführt
und fand das Kind.

Ich warte auf die Anregung des Geistes,
damit ich die Zeit erkennen
und die Schritte tun kann,
die nötig sind.

Werde ich den Herrn erkennen,
wenn er in der Gestalt des Kindes
– durch armselige Menschen –
mir begegnen will?

Augen

Augen,
die nicht
am Vordergründigen
hängenbleiben.
Augen,
die durch den Horizont sehen.
Augen,
die einen Blick
für das Wesentliche haben.
Augen,
die trübe geworden sind
und doch klar sehen.
Augen,
die sich nicht ablenken lassen,
wenn das Wichtigste erscheint.

Augen des greisen Simeon.

»Meine Augen haben deinen Heiland gesehen« (Lukas 2, 30).

Aus Stummheit erlöst

Stumme Väter
haben
oft
schreiende Söhne!

Durch Unglaube
zum Schweigen gebracht,
schreibt Zacharias
auf die Tafel:
»Er soll Johannes heißen!«

Durch Glauben
zum ›Rufer in der Wüste‹ gemacht,
erhebt Johannes seine Stimme:
»Siehe, das ist Gottes Lamm,
das der Welt Sünde trägt.«

Weihnachten löst mir
die Zunge:
»Immanuel, Gott mit uns!«

Der zweite Platz

Johannes,
der Wegbereiter,
geht
hinterher.

Wahres Können
klingt
auch beim Spiel
der zweiten Geige
brillant.

Wahre Größe
findet auch
im »Zubringerdienst«
Erfüllung.

Der zweite Platz
wird erst beleuchtet,
wenn er
eingenommen wird!

Warten

Warten
fällt schwer.

Ungezählte Male
wird das
erwartete Ereignis
vorher
durchlebt.

Wird es so sein,
Gott?
Oder ganz anders?
Ist es so richtig?
Oder wäre es anders besser?

Das Verheißene
wächst in mir
zur reifen Frucht.

Ich warte. –
Antworte mir.

Entscheidung

Hirten,
lebend
in Nacht und Dunkelheit.
Tageslicht
kann nichts
daran ändern.

Angst
macht ihnen
nicht
die Dunkelheit. –
»Die Klarheit des Herrn«
bringt sie
zum Fürchten.

Vom
Licht Gottes
gestellt,
stellt immer auch
in die Entscheidung:
Weiterhin
in der Furcht
leben,

in der Nacht
bleiben?
Oder:
Zur Klarheit des Herrn schreiten?

Weihnachten ist Entscheidung!

Gottes schwache Stelle

Wir
verbergen
unsere schwachen Stellen gern
und demonstrieren Stärke.

Gott
entblößt sich,
zeigt seine schwache Stelle.
Die Krippe im Stall,
das Kind in Windeln –
so schwach ist Gott.

Doch diese Schwäche
ist seine Stärke!
Sie offenbart sein Herz,
das Vaterherz.
An diesem Herzen ist Raum
für alle Schwachen – Hilflosen – Verzagten –
Entrechteten – Verachteten – Elenden und
Entblößten.
Für sie hat der Vater eine Schwäche.

So stark ist sein Herz!

Fleischgewordenes Wort

Du
Wort
des Vaters
verwandelst dich
in Fleisch und Blut,
in faßbare, begreifbare
menschliche Gestalt
im Kind
in der Krippe.

Du
Wort
des Vaters
verwandelst dich
in Fleisch und Blut
durch
Brot und Wein
deines Sohnes
am Kreuz.

Geheimnis des Glaubens.

Immanuel

Immanuel –
Gott mit uns!

Nicht
Aufschrift
auf der Koppel
der Soldaten.

Nicht
Präambel
eines Gesetzeswerkes.

Nicht
Geheimtip
für wachsenden
Wohlstand.

Nicht
Privileg
einer christlichen
Denomination.

Immanuel –
Gott mit uns!

Gottes einzige Möglichkeit
für unmögliche Menschen.

Aufregung

Du regst mich auf,
Maria,
mit deinem Reden
vom Engel.
Du regst mich auf,
Josef,
mit deinem Erzählen
von Träumen.

Aufgeregt suchen
Heimatgebürtige
in Bethlehem Platz.
In Aufregung geraten
sind Hirten und Weise,
Soldaten und Mütter
in dieser Stadt.

Das ist so geblieben
an Weihnachten,
damals
wie heute:
Weihnachten regt auf!

Wahrlich der Aufregung wert,
wenn der König des Himmels
einkehrt bei Menschen.
Auf – rege dich!

Umkehr

Altes
verlassen,
Neues
wagen!

Mit dem Neugewonnenen,
der neuen Erfahrung,
dem Neugewordenen
zurück
ins Alte,
um
dort
das Neue
auszuleben,
zu bewähren,
zu bezeugen:
Umkehr ins Leben.
Umkehr erleben.

»Die Hirten kehrten wieder um,
priesen und lobten Gott...« (Lukas 2, 20).

Annehmen

Nehmen
ist –
sich etwas holen.
Annehmen
ist –
Empfangen!

Weihnachten
heißt:
ich gebe
das Nehmen auf,
das Empfangene
nehme ich an.

Das Geschenk
annehmen,
den Schenkenden
aufnehmen,
den neuen Stand
einnehmen:
»Wie viele ihn aber aufnahmen, denen gab
er Macht, Gottes Kinder zu werden, denen,
die an seinen Namen glauben« (Johannes 1,12).

Verheerend

Heerscharen
des Herrn
überfluten
Bethlehems Fluren.
Zurück
bleiben
Friede und Freude!

Heerscharen
des Herodes
brechen herein
über Bethlehem.
Zurück
bleiben
Tod, Jammer und Geschrei!

Um welches
Heer scharen
wir uns?

Falsche Entscheidung –
verheerende Folgen!

Erscheinungen

Lichtfluten
über
Schafweiden,
Stern
am Nachthimmel –
außerirdische,
akustische
Wahrnehmungen –,
von Laien und Gelehrten
gesehen und gehört.
Wissenschaftlich
nachgewiesen,
historisch belegt.

Doch
alle Realitäten
übertreffend –
und nur mit dem
Herzen zu erkennen:
»Es ist erschienen die heilsame Gnade
Gottes allen Menschen« (Titus 2, 11).

Gott sei Dank! – Nicht zum Schein!

Der andere Weg

Ein
Weg nur
führt zu Gott.
Hirten und Weise
gehen ihn:
Kind in der Krippe,
Mann am Kreuz.

Man kann –
von Herodes kommend –
zur Krippe finden.
Man kann
von der Krippe kommen –
und nicht wieder
zu Herodes gehen.
Die innere Weisung
führt auf einen anderen Weg.

Herodes wird vergeblich warten.
Gehe den dir gewiesenen Weg!

Die Ohnmacht Gottes

Muskelspiel
der Macht:
Schriftgelehrte wissen,
Weise erforschen,
Militär massakriert.
Herodes zieht die Fäden,
er sitzt am längeren Hebel.

Konzepte,
Strategien,
Strukturen.
Alles im Griff!

Demgegenüber:
singende Engel,
anbetende Hirten,
staunendes Volk.
Die Ohnmacht Gottes!
Ja, Gott macht es ohne Macht.
Der Allmächtige verzichtet
auf das Spiel der Muskeln.
So siegt er!

Der Stecken des Treibers

»Du hast ihr drückendes Joch, die
Jochstange auf ihrer Schulter und den
Stecken ihres Treibers zerbrochen ...«

Das ist die Weihnachtsbotschaft
des Propheten Jesaja (9, 3).

Jetzt ist endlich Schluß mit:
Du sollst ...
Du mußt ...
Du darfst nicht ...
Reiß dich zusammen ...
Blamier uns nicht ...
Das gehört sich nicht ...
Das macht man nicht ...
Was denken wohl die Leute ...
Wo kämen wir denn hin ...

Von Bethlehem ertönt nun
eine andere Stimme:
»Mein Joch ist sanft
und meine Last ist leicht.«

Anstoß erregen

Eine anstößige
Geschichte
ist das,
diese Weihnachtsgeschichte.

Von A bis Z
Ärger
und urkomische Situationen.

Du stößt an, Gott,
mit der Geburt
deines Sohnes.
Merkst du nicht den Wirbel
und das Durcheinander,
das du bringst?

Stoß kräftig an, Gott,
damit dein Reich kommt!

Inhalt

Seite